PAGES D'HISTOIRE

LA VIE ET LES ŒUVRES

DE

L'ARCHITECTE GABRIEL

(1698-1782)

Notice qui a obtenu en 1893, de la Société des Etudes Historiques, le prix Raymond

PAR

Ernest BOUSSON

Avec une introduction de M. le Comte Henri DELABORDE
Secrétaire perpétuel de l'Académie des Beaux-Arts.

PARIS

SOCIÉTÉ D'ÉDITIONS SCIENTIFIQUES

PLACE DE L'ÉCOLE DE MÉDECINE
4, RUE ANTOINE DUBOIS, 4.

1894

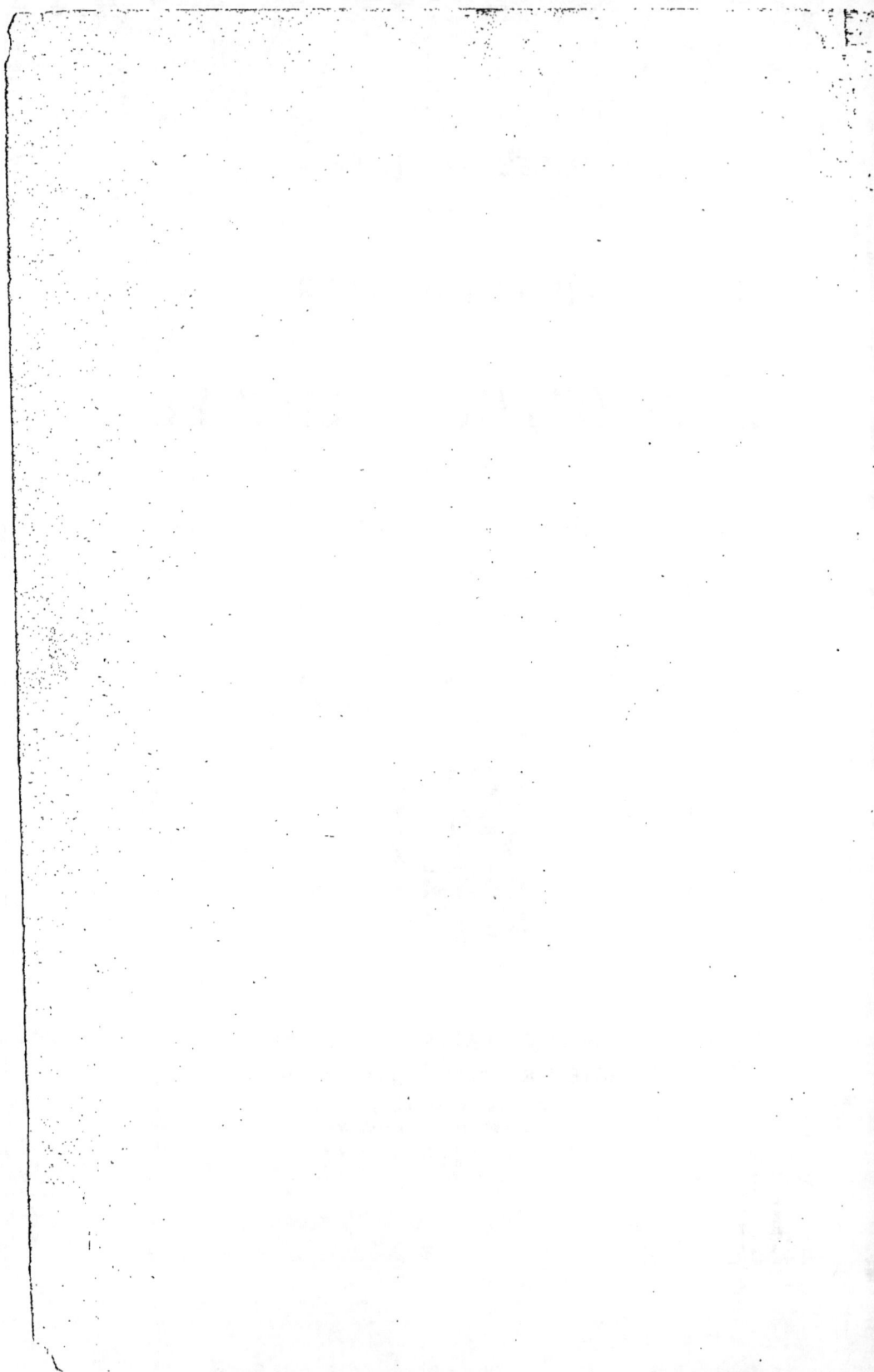

LA VIE ET LES ŒUVRES

DE L'ARCHITECTE GABRIEL

(1698-1782)

ANGERS, IMP. A. BURDIN ET Cie, 4, RUE GARNIER.

LA VIE ET LES ŒUVRES

DE L'ARCHITECTE GABRIEL

(1698-1782)

ANGERS, IMP. A. BURDIN ET Cie, 4, RUE GARNIER.

PAGES D'HISTOIRE

LA VIE ET LES ŒUVRES

DE

L'ARCHITECTE GABRIEL

(1698-1782)

Notice qui a obtenu en 1893, de la Société des Études Historiques, le prix Raymond

PAR

Ernest BOUSSON

Avec une introduction de M. le Comte Henri DELABORDE
Secrétaire perpétuel de l'Académie des Beaux-Arts.

PARIS
SOCIÉTÉ D'ÉDITIONS SCIENTIFIQUES
PLACE DE L'ÉCOLE DE MÉDECINE
4, RUE ANTOINE DUBOIS, 4.

1894

INSTITUT DE FRANCE

ACADÉMIE DES BEAUX-ARTS

Paris, le 21 février 1894.

Le Secrétaire perpétuel de l'Académie à M. Ernest Bousson,
avocat à la Cour d'appel, rue Saint-Lazare, 43.

MONSIEUR,

Je vous remercie vivement de l'envoi que vous avez bien voulu
me faire de votre travail sur Gabriel et je suis heureux de joindre
à mes remercîments les félicitations que ce travail me semble
mériter. Il n'y a pas là en effet un simple recueil de documents
curieux et authentiques, il y a un hommage, assurément bien
justifié, à la mémoire d'un grand architecte, d'un de ceux qui
non seulement au xviiie siècle, mais à quelque époque que ce
soit, ont le plus honoré notre art national.

Sans doute, le nom de Gabriel n'était pas, cela va sans dire,
tombé en oubli parmi nous. Il n'est pas un des livres sur l'architecture moderne, pas un des *Dictionnaires d'architectes* français ou non, ni même une des *Biographies universelles* où il ne
figure avec les éloges qui conviennent et avec l'indication som-
maire des travaux qui l'ont illustré ; mais jusqu'ici, aucune étude

un peu développée n'avait été, que je sache, consacrée à la vie
et aux œuvres de l'architecte de l'*Ecole militaire*, des *Monuments
de la place Louis XV*, de bien d'autres édifices encore d'une ordonnance et d'une exécution admirables. Moins heureux en cela
que ses deux émules, Antoine et Louis, Gabriel n'avait pas eu
encore son biographe, encore moins son historien. Vous avez
donc, Monsieur, comblé utilement une lacune et réparé une
fâcheuse omission.

Encore une fois, je vous en félicite et vous prie de recevoir,
avec ma sincère adhésion, l'expression de mes sentiments très
distingués.

Comte Henri DELABORDE.

A MONSIEUR

LE COMTE HENRI DELABORDE

MEMBRE DE L'INSTITUT

SECRÉTAIRE PERPÉTUEL DE L'ACADÉMIE DES BEAUX-ARTS.

HOMMAGE RESPECTUEUX
DE L'AUTEUR.

LA VIE ET LES ŒUVRES

DE L'ARCHITECTE GABRIEL[1]

(1698-1782)

L'architecture est une des plus puissantes manifestations de la pensée ; c'est peut-être la plus grandiose, la plus sereine, la plus imposante. Elle étonne par ses vastes dimensions et ses robustes assises, et, quand des cités jadis florissantes par leurs hommes, leurs institutions et leurs monuments, les siècles ont fait des déserts, quand le flot des révolutions a entraîné vers d'autres terres les générations errantes, les ruines restent là-bas pleines des souvenirs du passé ; elles ont gardé la majesté de l'aïeul, son front pensif et sa parole toute pénétrée du triste charme des années évanouies... Les ruines mêmes ont leur éloquence.

L'architecture fut d'abord l'expression synthétique de nos besoins moraux. Ces colonnades, ces portiques, ces lignes sont les traits puissants d'une vivante création, c'est le symbole de cet idéal que le génie découvre dans les lointains horizons de la pensée et du sentiment, au fond de ce mystérieux inconnu de notre raison où il allume le feu sacré dont il animera ses œuvres. Forces de la nature, dieux et héros, nous vous élevons des temples et des palais, la pierre chante votre puissance et votre gloire et ce marbre est un chant d'amour, un acte de foi, de soumission, de respect, de reconnaissance, c'est une élévation de notre âme vers vous, c'est une prière. Tourmentée d'idéal, l'âme se repose au seuil de ces monuments, et l'imagination, la colombe de l'arche, arrête enfin son vol sur le frontiscipe du Parthénon.

Chez les peuples primitifs, une religion mêlée de terreur entassa Pelion sur Ossa, éleva des tours cyclopéennes, les jardins de Baby-

---

(1) Mémoire couronné par la Société des Études historiques. Concours du prix Raymond (Séance publique du 9 mai 1893).

Ione, creusa le flanc des montagnes ou tailla leurs masses énormes : on cherchait le symbole. C'étaient des Titans qui voulaient escalader le ciel, mais impuissants, ils laissèrent inachevée la Tour de Babel. A la recherche de la forme définitive du beau, les peuples architectes trouvèrent le sublime.

Quand la raison prit enfin connaissance d'elle-même, quand elle se dégagea comme des ténèbres pleines d'horreur du monde intelligible, alors on vit apparaître la forme sereine de l'art et la simplicité exprima la vérité du symbole. Plus d'efforts, plus d'audacieuses tentatives, plus de luttes inutilement héroïques, plus rien de monstrueux ; mais la simple harmonie, la robe sévère des Muses, cette aristocratique et bienveillante grandeur, cet air calme et fort de grande naissance qui pénètre les âmes. La ligne était trouvée ; la ligne que la pensée suit plus loin que les yeux et qui va se perdre dans l'horizon ; les longues parallèles de chapiteaux, d'architraves, de colonnes symétriques qui se rapprochent, se joignent, se pressent et se confondent dans l'infinie et idéale perspective.... Et nous restons pensifs et rêveurs.

Devant ces chefs-d'œuvre les yeux et les oreilles se ferment, l'âme seule entend et contemple. Ces pierres parlent, c'est un enseignement religieux, un chant poétique, une page d'histoire ; c'est un hymne d'Homère, un chœur de Sophocle, un chapitre de Thucydide. L'éloquence de la pierre parle haut sous la voûte des cieux et dans ces immenses plaines où s'élèvent le Parthénon, les Propylées et le théâtre de Dionysos. Là, un peuple a exprimé sa foi religieuse et patriotique ; là les idées s'ennoblissent et les sentiments s'épurent. C'est là que réside l'âme de la patrie et ces sanctuaires ont la garde sacrée du Palladium.

On a dit que dans la forme du temple grec on retrouve la cabane des antiques Hellènes. Cela est vrai ; car les monuments sont les archives d'un peuple. Voilà pourquoi toujours et à tous les âges, il faut conserver, comme une sainte relique, la cabane des premiers hommes où naquit, grandit et s'idéalisa notre âme éprise du beau, du vrai et du bien. Où est cette âme, là est le grand art, là est la personnification, l'originalité artistique d'une race et d'une époque.

La franc-maçonnerie mystique de nos architectes gothiques a
exprimé le génie du moyen âge; Primatice a personnifié le caractère chevaleresque et voluptueux de la Renaissance qui donna
asile aux lettres, aux arts et à l'amour dans ces châteaux féériques
qu'on dirait bâtis par une armée de génies capricieux dont l'imagination créa, dans un désordre savant, la forme la plus séduisante,
« le plus gracieux penser » de cette époque. Pierre Lescot a symbo-
lisé les aspirations d'un peuple qui veut affirmer enfin son indé-
pendance et sa nationalité. Perrault et Mansard sont les représen-
tants du règne classique où, selon le mot de Bossuet : « tout
tendait au grand », de ce siècle de Louis XIV, où tout respira la
majesté tranquille, la froide et souveraine raison. Après ce sublime effort, il semblait que l'art dût se complaire dans le gracieux, l'élégant, le joli, dans les petits salons et les boudoirs et
qu'au génie dût succéder l'ingéniosité. Mais le sort de l'architecture fût, en France, plus heureux que celui des lettres, et les
grands artistes du xvıı⁰ siècle trouvèrent un rival de leur gloire
dans le premier architecte du roi Louis XV, contrôleur général
de ses bâtiments,

JACQUES-ANGE GABRIEL

Issu d'une famille d'entrepreneurs et d'architectes du roi,
Gabriel entre dans la vie avec tout un passé d'honneur et de traditions d'art derrière lui. Sa filiation après avoir donné lieu à bien des
suppositions, à bien des confusions et des erreurs, semble aujour-
d'hui établie d'une façon certaine par la généalogie donnée par
M. H. Lot dans les « *Archives de l'Art français* ». Nous la repro-
duisons en entier ici en la prolongeant jusqu'à Jacques-Ange Gabriel
(Jacques IV), qui fait l'objet de notre étude.

JACQUES I GABRIEL — **GABRIEL**

Plusieurs filles

MAURICE
Entrepreneur des bâtiments du roi Louis XIV Vivant en 1688 Frère de Jacques II

CHARLES
Architecte. Entrepreneur des bâtiments du roi Louis XIV Vivant en 1688

JACQUES II
Contrôleur général des bâtiments du roi Louis XIV Né en ... Mort en 1686 Epouse Marie Delisle Cousine d'Hardouin Mansard

JACQUES
Architecte en 1688 Cousin de Jacques II

MAURICE
Architecte et entrepreneur des bâtiments du roi Louis XIV Cousin de Jacques III Vivant en 1686

FRANCOIS
Né en 1664

MARIE-DENISE
1665

JACQUES III
Jules Contrôleur général des bâtiments du roi Louis XIV 1er Architecte

CLAUDE
Mousquetaire du roi

MARIE-ANNE
Religieuse

JACQUES IV
Ange 1er Architecte du roi Louis XV Contrôleur général de ses bâtiments Epouse Catherine – Angélique Delamotte

ANGE-ANTOINE
Contrôleur de Marly

ANGE-CHARLES

Gabriel naquit à Paris, le 24 octobre 1698. Nous adoptons la date donnée par M. Bauchal dans son *Nouveau Dictionnaire des Architectes français*. D'autres auteurs et non des moins autorisés le font naître en 1708, 1709, et Larousse, en 1710.

Son enfance se passa chez son père. Nous le voyons dans le grand cabinet du premier architecte du roi où s'entassent, dans un artistique pêle-mêle, les grands rouleaux, les plans déployés, les règles et les crayons, grimpé, non sans peine, sur un haut tabouret rigide, mettant toute son application et toute son âme à gâcher d'énormes feuilles de papier blanc de ses arabesques fleuries qui ne sont pour nous que des traits maladroits, mais qui sont, pour l'enfant, les délicieuses fées de ses rêves qui lui sourient avec tendresse.

Tous les ducs morts sont là, gloire d'acier vêtue
Depuis Othon le Saint jusqu'à Job le Bancal,
Et devant eux, riant son rire musical,
L'enfant à soulever des armes s'évertue.

Chaque armure où l'aïeul se survit en statue,
Sous la fière couronne et le cimier ducal,
Joyeuse reconnaît, d'un regard amical,
Sa race qui déjà joue avec ce qui tue.

Plongé dans un fauteuil de cuir rouge, gaufré
De fleurs d'or, l'écuyer, grand vieillard balafré,
Feuillette un très ancien traité de balistique ;

Et les vieux casques ont des sourires humains,
Cependant qu'au milieu de la chambre gothique
L'enfant chevauche sur une épée à deux mains.

François COPPÉE.

Changez le cadre, cintrez les fenêtres, arrondissez les angles, au lieu des armures, des épées et des casques, mettez des sphères, des cadrans, des équerres, et, dans cet intérieur paisible, un enfant ayant pour hochets les instruments de l'art qui crée, au lieu de ceux de l'art qui détruit, et vous aurez l'impression de cette persistance du rêve dans l'enfant, de cette survivance de l'idée dans la race qui est la consolation de la vie, et, peut-être, sa seule raison d'être.

Jacques-Jules Gabriel élève son fils dans l'admiration de l'anti- quité, il lui fait apprécier les beautés des monuments des siècles passés, la simplicité sublime de ces vastes poèmes de pierre que nous ont laissés des créateurs anonymes insoucieux de leur immor- talité et qui n'ont transmis à la postérité que le témoignage de leur génie. Belles leçons de modestie qui marqueront à jamais leur empreinte dans le caractère de Gabriel.

Puis, quand cette éducation solide a formé l'esprit du jeune homme aux grandes passions et aux belles choses, Jacques-Jules Gabriel fait de son fils son collaborateur ; profitant de la haute situation qu'il occupe comme directeur de l'Académie royale d'architecture et premier architecte des bâtiments du roi, il le présente à la Cour, et le fait entrer comme élève à l'Académie. Là, Jacques-Ange ne tarde pas à montrer ses dispositions brillantes. Il remporte plu- sieurs prix, et se voit, au bout de très peu de temps, à l'âge de vingt- cinq ans, choisi par le roi parmi trois candidats d'élite, pour occuper dans l'Assemblée des Maîtres la place d'architecte de deuxième classe. Quelques années après, en 1728, c'est-à-dire à l'âge de trente ans, il est nommé architecte de la première classe qui ne comptait alors que douze membres seulement[1]. En 1730 nous le voyons figurer, sur les registres de la Couronne, comme contrôleur particulier, et en 1739, comme contrôleur général. Enfin, en 1742, le roi, le désigne officiellement pour être son architecte ordinaire et le voilà, déjà célèbre par d'importants travaux, sié-

---

(1) Nous sommes à cette époque sous le régime des premiers statuts établis par l'édit de février 1717. L'Académie comprenait alors vingt-quatre membres. Plus tard, en 1776, les statuts furent modifiés, comme nous le verrons dans la suite de ce tra- vail et l'Académie compta trente-deux membres ainsi répartis : seize membres de la première classe dont un directeur et deux professeurs l'un d'architecture, l'autre de mathématiques ; et seize membres de la deuxième classe — plus douze membres cor- respondants. — Sur les règlements intérieurs de l'Académie d'architecture, consulter le très intéressant rapport de M. Aucoc : *L'Institut et les anciennes académies.*)

géant, au bureau de l'Académie, immédiatement à la droite de celui sur qui il croit devoir reporter tout le mérite de son talent, à côté de son maître bien-aimé, à côté de son père[1].

Lorsque celui-ci meurt, l'année suivante (1743), Gabriel est jugé par Louis XV comme le plus digne d'hériter de ses titres et de ses dignités, et il devient, à son tour, premier architecte du roi, contrôleur général de ses bâtiments, et directeur de l'Académie royale d'architecture.

C'est à partir de ce moment surtout qu'il est intéressant d'étudier Gabriel. C'est alors qu'il devient *lui-même*. Jusque-là, éclipsé par la gloire de son père, dont il n'est que le meilleur élève, il est assez difficile de lui faire sa part dans les admirables travaux qui ont déjà illustré le nom des Gabriel.

Il se trouve alors à la tête d'une immense administration, chargé de surveiller tous les contrôleurs des bâtiments du roi[2], d'examiner leurs devis et leurs plans, d'écouter leurs réclamations. Il est leur chef hiérarchique, il dirige leurs travaux, il règle leurs mémoires, il leur donne des ordres. Il est installé au château de Choisy, mais il se rend partout où sa présence est nécessaire, à Paris, à Versailles, à Bellevue, à Saint-Hubert, à Meudon, à Compiègne, à Marly, à Saint-Germain, à Trapes, aux Pépinières, à la Machine, à Fontainebleau, à Chambord. Il reçoit des placets, il juge des différends entre propriétaires et contrôleurs, entrepreneurs et architectes[3]. Il est assiégé par des inventeurs qui lui proposent mille projets de machines, celle-ci pour monter les eaux, celle-là pour souder les plombs, cette autre pour empêcher les cheminées

(1) La place de *l'Architecte ordinaire*, à l'Académie, était fixée par les statuts; il se trouvait à la droite du *premier architecte*, qui présidait les séances.

(2) Il nous semble intéressant de donner ici la liste des contrôleurs des bâtiments, en l'année 1746 :
Choisy-le-Roi, Gabriel, premier architecte des bâtiments du roi. — Paris, de Cotte (de Paris). — Parc de Versailles, La Motte. — Meudon, d'Isle. — Compiègne, Billaudel. — Fontainebleau, de Cotte. — Versailles, l'Ecuyer. — Marly, Lassurance (l'aîné.) — Saint-Germain, Lassurance (le jeune.) — Trapes, Dubois. — Pepinières, Morlet. — La Machine, Lespine. — Chambord, Chiguin.

(3) Le 21 septembre 1762. — Sur une difficulté survenue entre des propriétaires et l'administration, M. de Marigny, alors directeur général, lui écrit : « A votre prochain séjour à Ménars, je vous invite de vous transporter à Blois pour y faire cesser les plaintes de M⁰ᵉ de la Rivière ... »

de fumer. Il examine tout, se rend compte de tout, répond à chacun, tient le directeur général au courant de tous les travaux, lui en fournit les comptes, lui expose les doléances de ses subordonnés et, au milieu de cette paperasserie colossale, trouve moyen de présider à Paris les séances de l'Académie, d'accompagner le roi dans ses voyages et dans ses chasses, de dresser une multitude de plans aussi divers par leur importance que par leur objet et de créer enfin, à côté de petits bijoux de luxe qui restent un peu cachés aux yeux du vulgaire, ces monuments grandioses qui ont établi à tout jamais sa gloire.

. .

Pour ne pas fatiguer le lecteur par une chronologie un peu sèche et pour ne pas nous perdre en même temps dans la multiplicité des œuvres de Gabriel, nous adopterons la division qu'il avait adoptée lui-même dans ses registres, pour constater l'état de ses travaux. Nous examinerons ainsi successivement les transformations architecturales qu'il a opérées et les édifices qu'il a construits, dans les divers départements de l'administration royale.

———

A CHOISY-LE-ROY

« Cette belle maison, dit Dulaure [1], a appartenu à M. de Montpensier et, après sa mort, à Monseigneur le Dauphin, ensuite à Mme de Louvois, puis à Mme la princesse de Conti, fille légitimée de Louis XIV; elle appartient aujourd'hui au Roi.

« Les routes qui mènent à ce château sont à doubles rangées d'arbres et terminées par des pattes d'oies : tout annonce la magnificence royale. »

C'est dans ce château construit par son grand-père que Gabriel exerce ses fonctions de contrôleur particulier puis de contrôleur

_____

(1) Nouv. descrip. des env. de Paris.

général. C'est là qu'il continue à résider, la plus grande partie de
son temps, lorsqu'il il est devenu premier architecte des bâtiments
du roi.

Louis XV le charge alors de construire, à côté de l'imposant château qui lui rappelle un temps trop glorieux. une petite habitation
de luxe plus en rapport avec ses mœurs et avec ses goûts. C'est le
Château Neuf de Choisy, les *petites maisons* comme on disait alors
avec une pointe de grivoiserie sournoise. — Véritable petit bijou
d'art où se complaît la fantaisie rêveuse que Jacques Ange avait par
moments. Avec quel soin il le travaille, le polit et l'enjolive ! il y fait
exécuter des bas-reliefs par Pigalle, il y fait planter des allées om-
breuses, il l'entoure d'un jardin fleuri où s'épanouissent, par mil-
liers, de splendides œillets de Hollande, où murmurent des jets
d'eau jaseurs dans d'énormes vasques de marbre blanc [1] : c'est le
paradis de la Volupté; il n'y manque plus que des anges. C'est ce
qui explique l'idée qui vient à Louis XV d'y faire transporter et
placer en plein air, dans des bosquets de verdure, la délicieuse
statue de l'Amour, le chef d'œuvre de Bouchardon. — Mais c'est
pousser un peu loin, voire même aux dépens de l'art, le goût de la
préciosité; et Gabriel se fait, à ce sujet, auprès du Directeur général
des bâtiments, à cette époque M. de Vandières, l'écho des plaintes
de Bouchardon.

« Monsieur,

« Je n'ai pas manqué, suivant vos ordres, de voir M. Bouchardon
au sujet de sa figure de l'Amour que vous êtes dans le dessein de
faire transporter de Versailles à Choisy, et de lui parler en même
temps du baldaquin que l'on ferait pour la garantir des injures de
l'air et dont il serait chargé de donner le dessein. (*Sic.*)

« Il prend la liberté de vous faire, Monsieur, deux observations.

« La première :

---

(1) 16 mai 1754. — « État de marbre blanc veiné nécessaire pour la bordure du
bassin du parterre et face de l'appartement du roi au château de Choisy. — 299 pieds,
2 p. 3 ll. cubes.

« Que la figure de l'Amour a été faite pour être placée dans un salon et non dans un jardin où elle ne manquerait pas de se gâter promptement; que, comme il est essentiel pour cette figure d'être bien éclairée, un baldaquin, de telle façon qu'il serait composé, ne pourrait qu'y nuire en la privant du jour d'en haut.

« La seconde :

« Que n'ayant rien négligé pour terminer cette figure avec tout le soin et le talent dont il a été capable, il vous supplierait, pour prévenir son dépérissement, de lui procurer une place dans un appartement : ce que l'on a pratiqué à Rome pour le David et la figure de Daphné.

« Je suis, Monsieur.....

« GABRIEL »

Sur ces justes observations, on prit un moyen terme et l'on fit placer la « figure » dans un salon ouvert faisant partie de l'Orangerie.

En 1757, Gabriel construisit, à côté du château, une élégante chapelle ornée d'un maître-autel en marbre ouvragé, où l'on fit apporter, à grands frais, les cloches de l'église Saint-Maur, dont le bruit était doux aux oreilles du roi pour qui le son des cloches était insupportable [1].

Tout ce mignon palais des fées s'est évanoui comme un rêve. Il n'en reste plus rien ; et, sur l'emplacement de ces parterres fleuris où Gentil Bernard chantait ses vers légers, aux ailes roses, à la duchesse de Châteauroux, s'érigent aujourd'hui quelques maisons de rapport et une petite gare de chemin de fer.

.
. .

A FONTAINEBLEAU

Au château de Fontainebleau encore dans tout l'éclat de sa beauté,

---

(1) « Quand Louis XV était à Choisy, ce qui arrivait souvent, on était fort soigneux de lui éviter le bruit importun des cloches. Deux ou trois légers coups annonçaient la messe et c'était pour cette seule occasion que le clocher interrompait son silence. Les morts, même les riches, avaient le désagrément d'aller en terre, sans être réjouis du moindre coup de cloche. » Dulaure, *Nouvelles descript. des env. de Paris*, 1786.

le travail de Gabriel s'applique à des changements de distribution, à des aménagements spéciaux, à des décorations particulières plutôt qu'à d'importantes constructions nouvelles. A part le *Nouveau Pavillon*, ou pavillon *Bel-Ange*, qu'il fit bâtir tout en pierres de Saint-Leu, la geôle et la surintendance, son œuvre est ici toute d'inté-rieur, de grâce et d'utilité. Mais ce qu'il y a d'admirable, c'est la délicatesse avec laquelle il a su toucher aux merveilles d'art accu-mulées par Primatice, tout en se conformant aux ordres absolus que lui donnait le roi Louis XV. Cette science du raccord lui a permis de créer des appartements nouveaux, des salles mêmes non prévues dans la construction première, des décorations, des portes, des cheminées, des panneaux, dans le goût du xviiie siècle qui, loin de jurer avec l'ensemble, contribuent à lui donner un charme plus actuel et plus séduisant. Tels sont les appartements et l'antichambre du comte et de la comtesse de Provence (1753), telles sont les décorations de la chambre du roi, celles du Cabinet du conseil orné de vingt tableaux allégoriques de forme ovale peints en camaïeu par MM. Vanloo et Pierre, avec des fleurs de Peyrotte et un su-perbe plafond « *Le lever du Soleil et les Saisons* » peint par Boucher. Telle est surtout cette délicieuse petite salle de la Comédie, véritable bonbonnière dorée, riante, et pour la construction de laquelle Ga-briel fit venir des ouvriers spéciaux. (Lettre à M. de Vandières, 15 septembre 1753).

Pour bien se rendre compte du soin qu'il apportait à ces divers travaux il faut lire les deux lettres suivantes, qu'il écrivait au Direc-teur général, en 1753 et en 1755.

État des ouvrages de Fontainebleau, ce 10 septembre 1753.

« Le cabinet du Conseil du Roy est presque fini pour la peinture, et l'on peut le regarder comme n'ayant plus besoin que d'accords et de recherches, ce qui sera l'ouvrage de dix ou douze jours.

« Je crois que le S. Peyrotte s'est trop entêté de ne pas vouloir maroufler ses toiles ; elles sont lâches dans bien des parties, mais il ne faut pas songer au remède pour cette année. J'ai chargé M. Bailly d'envoyer la semaine prochaine les cinq tableaux de M. Boucher pour le plafond, ainsi que les sept du petit cabinet de la Reyne qui sont de la façon de M. Pierre.

« Les changements ordonnés dans les petits cabinets de la Reyne sont faits pour la menuiserie et couches de blanc. Les couleurs et vernis ne sont pas encore appliqués, « elles » le seront d'ici à sept ou huit jours.

« L'on achève les plastres dans le gros pavillon Bel-Ange, destiné pour le remplacement du garde-meuble. Le reste du pavillon est dans le même état que l'année passée. A l'égard de la Comédie, j'ai arrangé l'ancien garde-meuble cédé pour le théâtre, avec M. de Civry, pour qu'il n'y fût rien fait qui « intéressa » la charpente et en conséquence des loges supprimées sur le théâtre et reportées en dehors sur la partie de l'Orchestre. Je me suis concilié, pour les communications des balcons par dehors, ainsi que l'on le verra par le plan ci-joint, nous l'avons distribué à trois serruriers qui ont promis que cela serait fait avant la fin du mois. Ces balcons seront plus commodes que d'accord avec les architectures, surtout à cause des petits toits de toiles bises qui les couvriront pour la sûreté du passage.

« Tous les autres ouvrages, comme : changements chez M. le comte de Brionne, M. Roubé, M. le comte de Saint-Séverin, au grand Marché, sont faits.

« GABRIEL. »

« Versailles, 15 juin 1755.

« Monsieur,

« J'ai reçu la lettre que vous m'avez fait l'honneur de m'écrire de Crecy au sujet des dessus de portes de la chambre du Roi à Fontainebleau ; quoyque le temps soit bien avancé et le voyage pour le 15 de septembre, je crois que nous avons encore le temps de remplir l'Idée que vous avez là dessus. Et comme il n'y a pas un instant à perdre et que je vais demain à Paris, j'enverray dès mardy lever à Fontainebleau les panneaux et ponsifs de ces trois dessus de portes ;

j'en régleray dans la semaine prochaine toutes les dispositions suivant vos intentions sans les perdre de « veüe » jusqu'à leur Entière Exécution ; ce party que vous prenez sera bien plus analogue à cette chambre que quelque peinture qu'on lui « pu » y mettre.

« Le Roi a paru content de l'avancement de ses travaux de Versailles pendant le temps de son absence.

« Je suis, Monsieur, ...

« GABRIEL. »

Nous trouvons aussi (février 1737, année 1739), sans qu'il nous paraisse utile d'en parler plus longuement ici, des plans et des devis d'ouvrages à faire pour enclore le Parquet du roi et ouvrir de grandes routes dans la forêt de Fontainebleau.

∴

A COMPIÈGNE

Le château de Compiègne, anciennement bâti par Charles le Chauve, fut, en 1755, entièrement reconstruit sur les plans de Gabriel. Mais Louis XV, au lieu de laisser à son premier architecte la libre direction de ses plans, l'obligea à conserver et à suivre les anciennes fondations, de là un certain manque d'harmonie dans l'ensemble. Hâtons-nous d'ajouter toutefois que Gabriel a su tirer parti de la disposition triangulaire des bâtiments pour ménager deux façades monumentales : l'une mesurant 193 mètres de longueur sur la terrasse du parc et n'ayant qu'un seul étage élevé sur rez-de-chaussée, avec quarante-neuf fenêtres de face ; l'autre, du côté de la ville, sur la place du Château ayant deux étages sur rez-de-chaussée et offrant une disposition architectonique analogue à celle du Palais-Royal à Paris du côté du Louvre, c'est-à-dire une colonnade ou galerie à jour de 43 mètres servant de fermeture à une cour d'honneur ; au fond de la cour, une façade ayant au milieu un fronton où le sculpteur Nicolas Beauvallet a représenté *la Chasse de Méléagre*.

A signaler à l'intérieur les appartements de Madame la Dauphine et ceux de la comtesse de Provence.

Devant le château, Gabriel traça le plan d'une grande place d'armes, ornée de balustrades, de balcons et de pavillons pour les gardes qu'il fit construire en pierres de *Liais ferault* réputées pour leur solidité et précédemment employées pour la construction du Louvre, de l'église des Invalides et de la chapelle de Versailles.

(Lettre à M. de Marigny. — Versailles, 13 octobre 1757. — « Tous les ouvrages qui doivent couronner du dessus du Cordon, toutes les parties de fossez ne sauraient être en mathériaux trop bons et trop solides et surtout ceux qui seront touchez des pieds et des mains. »)

Le jugement porté sur ce monument nous a paru sévère : « On n'y voit nulle part la grâce, et nulle part on ne sent l'inspiration. » Mais il convient, comme nous venons de le voir, d'en rejeter la faute bien plutôt sur le roi que sur son architecte.

.   .

A VERSAILLES

Sans nous attarder sur une multitude de petits travaux évidemment très intéressants de décoration et d'embellissement exécutés soit dans le château lui-même pour les appartements de la Reyne, pour la chambre et le cabinet de Madame Victoire (cheminée et porte croisée) pour les appartements du comte et de la comtesse de Provence et pour le cabinet du Roi, soit, dans la chapelle, pour la consolider, soit dans l'église de Saint-Louis pour y rétablir des autels en marbre, soit enfin dans la cathédrale (octobre 1753) pour « agrandir le chœur de la paroisse, en reculant la grille en deçà des piliers et ôtant les bancs du gouvernement et du baillage ; »

Sans entrer non plus dans le détail des plans dressés pour orner les jardins, les décorer de treillages (jardin du Dauphin, 1755), y créer de nouvelles avenues, en supprimer de disgracieuses ou d'incommodes (bassin d'Apollon, 1755), pour disposer harmonieusement les plantations dans le jardin de Trianon (1765), pour établir des réservoirs qui mèneront l'eau au parc aux Cerfs, et pour

faire de Versailles, même pendant l'absence du roi, une capitale
digne de son titre et de son rôle, en établissant des pompes dans la
ville, en pavant ses chemins, en les faisant entretenir dans le plus
grand état de propreté et en éclairant ses immenses places ;

Nous insisterons, tout particulièrement ici, sur une des œuvres
maîtresses de l'architecte Gabriel : *La Salle de spectacle du château
de Versailles.*

Entreprise en 1753 et continuée pendant cette malheureuse pé-
riode de la guerre de Sept ans, où les finances étaient dans un si
déplorable état que rien qu'en ce qui concerne la direction générale
des Bâtiments, les « créances des entrepreneurs contre le roi »
s'élevaient à des sommes fabuleuses, faite morceau par morceau,
abandonnée, reprise et rectifiée pour augmenter le nombre des
loges et satisfaire un caprice de Mme de Pompadour, et terminée
enfin en 1770, après plus de dix-sept ans de travail et d'efforts, grâce
à la persévérance énergique et inébranlable de Gabriel[1], à l'occasion
des fêtes données pour le mariage du duc de Berry, cette salle de la
Comédie est, sans contredit, l'une des plus magnifiques salles de
spectacle de l'Europe tout entière.

Elle est située aux extrémités de la galerie de la chapelle. « On
descend, dit un auteur du temps, quelques degrés pour entrer dans
une salle de Gardes qui précède une galerie de vingt et un pieds de
large sur soixante de long, décorée d'un soubassement au-dessus
duquel règne un ordre de pilastres ioniques avec entablement sup-
portant un plafond cintré en berceau, orné de divers compartiments,
propres à recevoir des peintures. Les parties entre les pilastres for-
ment alternativement croisées et trumeaux. Aux extrémités sont
des groupes représentant la Jeunesse, la Santé, l'Abondance et la
Paix ; ceux placés dans les trumeaux sont Apollon et quatre enfants
figurant les arts, Vénus avec les Amours, les poésies épique, pas-
torale, lyrique et dramatique. La principale porte d'entrée de cette
galerie ainsi que la cheminée est décorée de caryatides. Tous ces
ouvrages de sculpture sont de M. Pajou.

Cette galerie est percée de trois portes à l'opposé des fenêtres ;

(1) V. ses lettres.

celle du milieu conduit à l'amphithéâtre et les deux autres aux premières, deuxièmes et troisièmes loges.

La forme de la salle est un ovale tronqué dans la partie des loges et carrée dans celle de l'avant-scène; elle est peinte en marbre vert antique et tous les ornements sont dorés en or mat.

On voit d'abord un amphithéâtre et deux rangs de loges; les trois loges du milieu sont grillées et destinées pour le roi. Au-dessus des deux rangs de loges s'élève une galerie circulaire, formée par des colonnes d'ordre ionique; l'entre-deux des socles est rempli par une balustrade également sculptée. Les plafonds produits par des plates-bandes sont peints par M. Durameau. Le fond de cette galerie est décoré d'arcades avec glaces et rideaux noués et retroussés: au milieu est une grande travée, terminée en cul-de-four, dont le fond est rempli par une glace éclairée par un grand lustre. Au droit des piédestaux des colonnes sont des urnes de porphyre feint portées sur des consoles.

Le tableau du plafond est un ovale de trente-six pieds de long; il représente Apollon accompagné de Vénus et de l'Amour qui préparent des couronnes destinées à ceux qui s'illustrent dans les arts; à sa gauche Pégase s'élève dans les airs; plus bas, on voit différents groupes; les diverses figures qui les composent sont accompagnées de leurs attributs; les Plaisirs, les Ris couronnent ce plafond; l'Ignorance et l'Envie foudroyées le terminent. Toutes ces peintures sont de M. Durameau.

La salle du bal s'unit à celle du spectacle par l'avant-scène, de manière que les deux n'en font qu'une; elle décrit un carré long pris sur la largeur: cet édifice est composé de trois étages de galeries. Le tableau ovale représente, ainsi que les autres petits plafonds, différents sujets de l'histoire de Psyché, peints par Briard.

Ici la critique doit se taire pour faire place à une admiration sans réserve. Disposition des plus heureuses, grandiose d'ensemble et de style, richesse et harmonie de détails, tout se trouve réuni pour faire de cette salle un incomparable chef-d'œuvre; et si l'on veut se figurer ce théâtre brillant des feux de mille lustres reflétés par les glaces innombrables placées au fond des galeries et les loges occupées par une société richement costumée, il doit parai-

tre impossible d'imaginer un effet plus magique et plus mereveil-
leux.

.•.

Le Louvre

En 1755, toute la partie du Louvre construite par Perrault, et particulièrement cette colonnade célèbre qui faisait l'admiration du
siècle précédent, s'affaissait et tombait en ruines. — Gabriel fut
chargé de réparer la colonnade et de consolider la salle du Conseil
du roi. — Cela n'était pas un petit travail et nous voyons dans sa
correspondance combien de précautions il a fallu prendre, quels
soins il a fallu apporter dans ces réparations, pour prolonger l'exis-
tence de cette façade peut-être grandiose mais absolument inhar-
monique avec le magnifique monument de Pierre Lescot.

ÉTAT DES POUTRES NÉCESSAIRES POUR LE LOUVRE

Aile du péristyle compris la partie du grand degré.

Pour les planchers du premier étage et celui de l'attique :
40 poutres de . . . .   39 p. 1/2 à 40 p.
   Aux deux planchers du salon du milieu . . . .
8 poutres de . . . .   44 p.

Aile en retour sur les Prêtres de l'oratoire [1].

Aux deux planchers : 16 poutres de . . . . .   39 à 40 p.
Il faudrait que ces poutres aient été coupées au plus tard dans
l'hiver de 1754.
   Le reste en bois ordinaire. . . . .   64 p.

A Versailles, 15 juin 1755.

GABRIEL,

(1) Bâtiment que Gabriel fit disparaître.

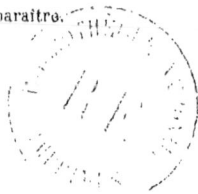

On reproche à Gabriel d'avoir ajouté un troisième étage aux bâtiments de la cour du Louvre pour atteindre la hauteur des façades de Perrault mais ce fut une nécessité à laquelle il dut se soumettre bien qu'elle ne fût qu'un fâcheux contraste avec l'attique de Lescot.

D'ailleurs, selon nous, le mérite de Gabriel est moins d'avoir conservé strictement les dessins de Perrault que d'être parvenu à rendre solide et durable cette œuvre mal équilibrée et aussi peu consistante, dans sa majesté factice, qu'un « plâtrage » de fête officielle ou qu'un beau décor d'opéra.

L'École militaire.

L'idée d'une École militaire où seraient élevés les cadets du roi est due à Mme de Pompadour comme semblent l'indiquer ces deux lettres authentiques, l'une adressée à son amie la comtesse de Lutzelbourg (3 janvier 1751)[1] ;

« Je vous crois bien contente de l'édit que le roi a donné pour anoblir les militaires. Vous le serez bien davantage de celui qui va paraître pour l'Établissement de cinq cents gentilshommes que Sa Majesté fera élever dans l'Art militaire. Cet Établissement est d'autant plus beau que Sa Majesté y travaille depuis un an et que ses ministres n'y ont eu nulle part et ne l'ont su que lorsqu'il a eu arrangé tout à sa fantaisie, ce qui a été la fin du voyage de Fontainebleau. Je vous enverrai l'Édit d'abord qu'il sera imprimé. »

L'autre, toute familière, adressée à Paris-Duverney qui nous montre la gracieuse favorite poursuivant l'exécution de ce noble projet avec sollicitude.

« 15 août 1758.

« Non, assurément, mon cher nigaud, je ne laisserai pas périr au port un établissement qui doit immortaliser le Roi, rendre heureuse sa noblesse et faire connaître à la postérité mon attachement pour

(1) Ce fut lui, dit-on, qui suggéra l'idée première de cette école à Mme de Pompadour elle-même.

l'État et pour la personne de Sa Majesté. J'ai dit à Gabriel aujour-
d'hui de s'arranger pour remettre à Grenelle les ouvriers nécessaires pour finir la besogne. Mon revenu de cette année ne m'est pas
encore rentré ; je l'emploierai en entier pour payer les quinzaines
des journaliers. J'ignore si je trouverai mes suretés pour le paie-
ment, mais je sais très bien que je risquerai, avec une grande satis-
faction, cent mille livres pour le bonheur de ces pauvres enfants.

« Bonsoir, cher nigaud, etc. »

C'est donc Gabriel, comme on vient de le voir, qui est désigné
pour mettre ce beau projet à exécution. Il fait choix d'une vaste
place où son œuvre se détachera dans toute sa majesté. Il va, court,
revient de Versailles à Grenoble et dessine, en quelques mois, ses
plans.

Malgré les tracasseries, les minuties ridicules auxquelles l'assu-
jettit le contrôleur général Lenormand (V. *Correspondance*), il achève,
en 1770, le monument imposant de l'École royale militaire.

La façade extérieure présente un développement de 160 mètres
en un seul corps de bâtiment de deux étages ; couronnée d'un attique au-dessous d'élégantes mansardes, elle est ornée au centre d'un
avant-corps de colonnes corinthiennes, embrassant les deux étages,
terminé par un fronton ; au-dessus de ce majestueux portique s'élève
un dôme en forme de pavillon orné de sculptures exécutées par
d'Huez. La façade opposée du côté des cours possède un avant-corps
semblable ; le bâtiment, au lieu d'un ordre ionique, est décoré de
deux ordres superposés : dorique et ionien. Ces cours, dont la première mesure près de 280 mètres carrés et la seconde 180, abou-
tissent à une grille percée de portes le long de l'avenue Löwendal
et de la place de Fontenoy, tracée en demi-lune[1].

(1) Comme détail de construction, nous croyons intéressant de citer ici la lettre
suivante de Gabriel :

« Paris, 17 septembre 1752.

« *A M. Lenormand.*

« Monsieur,

« 30 000 *toises* cubes de pierre de différentes natures moelon dur et tendre, pierres
de taille dure et tendre, suffirout pour la construction de l'hôtel de l'École royale militaire... »

M. Lenormand lui répond en lui demandant si au lieu des cent vingt chevaux qu'il

Devant la façade, environnée de longues avenues reliant l'École militaire aux Invalides, Gabriel ouvrit, à travers des terrains maraîchers qui fournissaient alors de légumes les consommateurs parisiens, un immense parallélogramme de 1.000 mètres de longueur du nord au sud et de 500 mètres de longueur de l'est à l'ouest, le *Champ de Mars*, destiné aux exercices des élèves de l'École militaire et dont la perspective allait se perdre au delà du fleuve sur des coteaux boisés aux arêtes indécises et bleutées...

Les constructions récentes, qui se sont élevées, sur le Champ de Mars, lors de l'Exposition Universelle de 1889, ont modifié ce bel ensemble. De leur grâce un peu lourde et de leur bizarrerie prétentieuse, elles accaparent aujourd'hui tout le vaste emplacement où se dressait jadis seule, dans la majesté tranquille de sa masse et la pureté sévère de ses lignes, l'œuvre maîtresse de Gabriel.[1]

La Place Louis XV

En 1748, Louis XV accorda au prévôt des marchands et aux échevins de Paris la permission de lui élever une statue équestre en bronze. Tous les architectes furent invités à présenter des projets pour la place de Paris sur laquelle devait être érigée cette statue, dont l'exécution fut confiée à Bouchardon.

Soixante projets dont plusieurs étaient en relief furent exposés au public et présentés au roi, mais Louis XV ayant remarqué que l'exécution de presque tous ces projets exigeait la démolition d'un grand nombre de maisons dans les quartiers les plus habités de la ville, décida que la nouvelle place serait ouverte entre les Tuileries et les Champs-Élysées, et il fit à cet effet présent à la ville de Paris de ce terrain qui lui appartenait et qui n'était alors qu'un vaste champ inculte servant de pâturage aux bestiaux.

---

juge nécessaires pour le transport de ces pierres, soixante chevaux ne suffiraient pas. « ... La nourriture de soixante chevaux eu égard à la cherté du fourrage est une économie qui mérite attention, s'ils sont inutiles aux travaux actuels... »

Et Gabriel fût bien obligé de se contenter des soixante chevaux de M. Lenormand.

(1) L'École militaire est, au dire de certains auteurs et particulièrement de Quatremère de Quincy, la plus belle œuvre de Gabriel.

M. de Marigny, directeur des bâtiments du roi, distribua à tous les architectes un plan gravé de cet emplacement, avec invitation de dresser et de présenter d'autres projets, sans indiquer le maximum de la dépense et sous la seule condition de placer la statue dans l'axe du palais et de la grande allée des Tuileries.

Vingt-huit architectes prirent part à cette espèce de concours[1]. Le roi, quoique très satisfait des vingt-huit projets, trouva néanmoins divisés dans plusieurs les avantages qu'il aurait désiré voir réunis en un seul. Aussi ordonna-t-il à Gabriel d'opérer cette réunion et de composer un tout qui pût servir à l'exécution. Ce dernier plan fut approuvé et signé à Compiègne par le roi le 20 juillet 1753. Une copie en fut envoyée à la ville qui se soumit à la volonté royale.

Le projet de Gabriel qui reçut son exécution consistait à déterminer la forme de la place par des fossés entourés de balustrades, en réservant des percées dans les deux axes et quatre autres dans les angles à l'aide de pans coupés. Cette disposition se trouvait motivée quant aux fossés par le pont tournant des Tuileries et quant aux percées des angles par la direction du Cours-la-Reine le long de la rivière et la nécessité de multiplier les débouchés sur une place d'une aussi vaste étendue. Il projeta et réalisa, en même temps, l'érection des deux bâtiments élevés au nord de la place Louis XV de chaque côté de la rue Royale; le milieu devait être occupé par la statue de Louis XV. Enfin deux fontaines devaient être élevées dans l'axe des pans coupés et compléter cette décoration; mais elles ne furent jamais exécutées.

Les dimensions de la place sont : 123 toises de longueur sur 87 toises de largeur entre les balustrades des fossés. Les fossés ont 12 toises de large.

Les deux façades de Gabriel telles qu'elles se présentent à nos yeux aujourd'hui, longues chacune de 96 mètres séparées par une rue de 30 mètres qui est la rue Royale aboutissant à l'église de la Madeleine, font face au Palais de la Chambre des députés (Palais Bourbon). — Elles sont richement décorées tant sur la place de la Concorde (ancienne place Louis XV) sur les trois rues Royale,

(1) Parmi les concurrents nous relevons les noms de Soufflot, Blondel, Servandoin,

Royale, Saint-Florentin et Boissy-d'Anglas, d'une ordonnance
d'architecture corinthienne de onze entre-colonnements formant
galerie en avant des murs de face, aux extrémités de laquelle
se trouvent deux pavillons saillants, couronnés de frontons et
d'une balustrade. Cet ordre est élevé sur un soubassement de
onze arcades, formant au rez-de-chaussée une galerie qui se pro-
longe derrière les pavillons ornée de niches, de médaillons, de consoles et de trophées d'armes. Les tympans des frontons sont sculptés
en bas-reliefs et le soubassement enrichi de tables de refend.

Le corps de bâtiments compris à l'est entre la rue Saint-Florentin
et la rue Royale était occupé, du temps de Gabriel, par le Garde-
Meuble qui est devenu depuis longtemps le Ministère de la Marine.
L'autre corps de bâtiments, compris à l'ouest entre la rue Royale
et la rue Boissy-d'Anglas, est subdivisé en quatre propriétés particulières; la frise d'une de ces portes montre cette inscription « Hôtel
Crillon » en souvenir de ses propriétaires.

Dans leur ensemble et même dans leurs détails, les colonnades
de Gabriel sont ici bien préférables à celles de Perrault.

Les deux monuments de la place de la Concorde ont la simplicité
grandiose des poèmes primitifs, la rigidité onctueuse et sacrée des
vieux temples de l'Hellade. S'il leur manque le ciel bleu et les
grandes coulées de lumière du soleil d'Orient qui se jouent entre
les colonnades et les portiques, ils ont quelque chose de sévère, de
mystérieux et de ressouvenu qui s'harmonise à merveille avec cette
immense place aux limites imprécises, qui n'est bornée par des
murailles que d'un seul côté, les trois autres s'estompant, comme l'a
si bien dit Vitu, dans les lignes d'un horizon mobile, dans la verdure, dans les nuages et dans l'eau.

.·.

Il convient d'ajouter encore à ces travaux ceux que Gabriel fit en
province et dont quelques-uns vaudraient à eux seuls une longue
description. Signalons l'hôtel de ville de Rennes fait en collaboration
avec son père, le portail et les tours de la cathédrale d'Orléans com-

mencés par son père et achevés par lui et où Gabriel, sans se laisser
influencer par la mode de son époque, a su conserver le gothique
fleuri, la Bourse et la Douane de Bordeaux, la cathédrale de La
Rochelle, le Palais des États de Dijon qui semble un essai déjà fort
intéressant du style néo-grec des monuments de la place Louis XV.
Enfin, à partir de 1775, c'est-à-dire vers la fin de sa vie, l'agrandis-
sement du chœur et l'aile orientale de la cathédrale de Reims.

Son activité, nous l'avons vu, ne se repose pas un instant ; il n'est
pas un seul château dépendant de son administration où son génie
n'ait trouvé quelque emploi.

C'est sur ses dessins aussi que fut construite la pyramide astro-
nomique que Louis XV fit établir à la requête des membres de
l'Académie des sciences. C'est sur ses plans qu'on creusa le port
aux marbres de Saint-Leu, qu'on érigea le Palais Bourbon, et qu'on
traça, à la Muette et dans le Bois de Boulogne, des routes qui firent
un rendez-vous galant de ces lieux jusqu'alors déserts et presque
dangereux.

Ainsi, et jusque dans les derniers temps de sa vie, Gabriel fut un
travailleur acharné. Malade, affaibli au point de ne pouvoir signer
son nom qu'avec la plus grande difficulté [1], il dicte des lettres, il
compulse des mémoires, il vérifie des plans.

Versailles, 10 *janvier* 1768.

Monsieur,

« Étant retenu chez moi au coin de mon feu par le rhume depuis

---

(1) Voir ses lettres à partir de 1765 et les listes de présence à l'Académie. Il est à
remarquer que sur ces listes il signe toujours en joignant à son nom celui de sa
femme : Delamotte-Gabriel.

quatre à cinq jours..... il ne m'a pas été possible de faire les dessins des deux autels pour la chapelle de Bellevue et celle du petit Trianon.

« ... Je travaille fort et ferme au coin de mon feu à constater définitivement le projet du Garde-Meuble à la place Louis XV. Trouvez bon, je vous prie, Monsieur, que mon fils vous présente les dessins des menuiseries.

« Je suis, etc...

« GABRIEL. »

Il est courtisan avisé, il sait plaire au roi et aux gens en place, non pour obtenir d'eux des faveurs, mais pour faire écouter d'une oreille bienveillante les plaintes légitimes et les doléances de ceux qui le méritent. Le pauvre curé de Choisy voit son jardin réduit au point de n'y pouvoir plus rien cultiver. Gabriel s'empresse d'obtenir pour lui un enclos où il puisse replanter ses arbres et obtenir des fruits [1].

Il pousse les jeunes gens, il les soutient de ses encouragements et de ses conseils. Quand M. de Marigny fait venir Soufflot de Lyon, Gabriel est le premier à applaudir à l'arrivée de ce rival plein d'ardeur et de talent; il est le premier à le proposer à l'Académie et à appuyer son élection.

Mais si l'on touche aux honneurs dus à son titre, aux prérogatives attachées à ses fonctions, il sait faire respecter son autorité et affirmer la dignité de son caractère.

> Le malheureux lion, languissant, triste et morne
> (Sait encore) rugir, par l'âge estropié...

Dans de nouveaux statuts rédigés par les commissaires de l'Académie, en 1776, il était dit (art. 4, art. 33 primitif) que : « Lorsque le Directeur arriverait après la séance commencée, celui qui, en son absence, aurait commencé à la présider continuerait à le faire nonobstant l'arrivée du Directeur. »

---

(1) Le curé de Choisy demande un morceau de terrain pour augmenter son jardin « trop petit pour qu'il puisse en tirer quelques douceurs ». — Gabriel, qui a les plans, du jardin, dit qu'il est possible d'y joindre un terrain à côté qui avait été destiné au jardin des sœurs de la Charité (11 octobre 1757).

Aussitôt Gabriel écrit au directeur général la lettre que voici :

A MONSIEUR DE MARIGNY, DIRECTEUR GÉNÉRAL DES BATIMENTS DU ROY

19 *février* 1776.

« Monsieur,

« J'ai l'honneur de vous envoyer l'Extrait de la Délibération de l'Académie Royale d'architecture de ce jour qui constate qu'il a été fait lecture de la lettre que vous m'avez adressée pour suspendre l'Élection de trois sujets pour une place vacante de la seconde classe, jusqu'à ce que vous ayez reçu les Mémoires du Commissaire. L'on doit me l'adresser demain ; j'aurai l'honneur de vous en faire l'envoi sur-le-champ.

« Un seul article des *Réflexions* m'a affligé infiniment et je n'ose dire *choqué*. C'est le 33ᵉ concernant le Directeur. L'on vous propose de l'assujétir à perdre son droit de présider si par hasard il arrive la séance commencée. Je consens et c'est de règle que je sois assujéti comme les autres académiciens à perdre les honoraires, mais je crois ne devoir pas perdre mes fonctions puisqu'aucun académicien ne perd les siennes. Il serait bien douloureux pour moi, après trente-trois ans de service dans la fonction de Directeur que l'on m'ôta la seule prérogative honorifique que cette place-là donne. J'ai confié mes peines à M. de M. et l'ai prié de vouloir se joindre à moi pour vous engager à ne point admettre ces réflexions-là. »

La réponse d'ailleurs ne se fit pas attendre et M. de Marigny, tout en observant que « l'objet de cette demande est de ne pas trop prolonger la séance en obligeant d'agiter de nouveau les matières déjà traitées... », s'empresse d'ajouter que : « Cette raison n'a pas paru à Sa Majesté devoir balancer l'inconvénient de priver de son droit celui à qui elle a accordé la prérogative de présider son Académie toutes les fois qu'il sera présent. Elle a en conséquence décidé qu'il ne serait fait à cet égard aucune innovation à ce qui s'est pratiqué à l'Académie jusqu'à ce moment. »

Quoique Gabriel eût reçu de sa famille un héritage assez consi-
dérable, qu'il eût été mêlé à toutes les grandes entreprises de son
siècle, il ne paraît pas que sa situation pécuniaire ait été très floris-
sante, ni que sa fortune se soit augmentée. Nous en avons la preuve
dans une lettre écrite par lui à M. de Marigny le 12 octobre 1770.

«....... l'espèce de fortune dont quelques-uns des officiers paraissent jouir et qu'ils consomment journellement au service du Roy
ne permet pas même aujourd'hui la totalité du patrimoine qu'ils
ont reçu de leurs pères. » (Fontainebleau, 12 octobre 1770.)

Il vivait modestement des 2.400 livres d'appointements que lui
valait sa place de premier architecte, somme à laquelle nous pouvons
ajouter celle de ses jetons de présence à l'Académie évalués ainsi
qu'il suit, pour les dernières années de sa vie, sur les registres de
la Couronne.

Année 1776 = 544 livres 3.
— 1777 = 411 — 4, 10.
— 1778 = 506 — 15, 8.
— 1779 = 328 — 13, 9.
— 1780 = 112 — 15.

En 1775, on lui avait accordé, par exception, la franchise postale,
pendant plus de trois mois après sa retraite, parce qu'il restait encore, comme premier architecte honoraire, chargé d'une partie du
travail de M. Migue [1], son successeur.

La même année (1775) il s'était retiré dans une petite maison de
la rue des Orties (appartenant à la Couronne) où il vivait modestement d'une pension de 1.200 livres que le roi lui avait accordée
à la sollicitation de ses fils, ainsi que l'établit la lettre suivante
adressée par M. de Marigny à son fils Charles Gabriel.

(1) Premier architecte du feu Roy de Pologne. Intendant et commandant des bâtiments de la Reyne.

À M. CHARLES GABRIEL. CONSTRUCTEUR DES BATIMENTS

17 *mars* 1773.

« Ma maladie, Monsieur, et l'incertitude du temps auquel je *pou-vais solliciter en faveur de M. Gabriel les grâces auxquelles tant d'années de service lui donnaient droit d'espérer,* m'ont empêché de répondre jusqu'à ce moment à la lettre par laquelle vous me témoignez votre manière de penser sur la répartition entre vous et M. Votre frère des grâces que le roi pouvait rendre réversibles sur l'un et l'autre à l'occasion de la retraite de M. Votre père..... »

Le roi accorda à Ange-Antoine une augmentation de 2.000 livres par an avec expectative d'une pension de 1.000 livres à la mort de M. et Mme Gabriel et une expectative pareille de 2.000 livres à Charles.

C'est dans cette petite maison de la rue des Orties que Gabriel mourut le 2 janvier 1782 à l'âge de quatre-vingt-quatre ans, laissant à ses fils le plus précieux des héritages : l'exemple de sa vie et les monuments de sa gloire.

Il fut enterré le 4 janvier à Saint-Germain-l'Auxerrois sa paroisse, sur les registres de laquelle nous relevons ses titres :

JACQUES-ANGE GABRIEL

ÉCUYER. — CONSEILLER DU ROY

PREMIER ARCHITECTE DU ROY LOUIS XV

CONTROLEUR GÉNÉRAL DE SES BATIMENTS

La postérité a rendu hommage à sa mémoire en donnant son nom à une des plus belles avenues de Paris qui commence à la place de la Concorde et conduit aux Champs-Élysées.

Gabriel a vu grand. Son génie architectural sollicité par les mille exigences de ses fonctions administratives, par la mode et le modernisme, dont les caprices luxueux tentaient sa riche imagination, a su garder les traditions du grand art ; il conservait à la France une supériorité incontestable sur les autres pays de l'Europe et prévenait la décadence complète qu'avaient déjà subie les arts en Italie.

Sa pensée vivait dans ces grands âges de la pierre où des rois et des peuples bâtirent de grandioses monuments, comme des apothéoses triomphales, et, semblables à Hercule, élevèrent des colonnes commémoratives où l'homme, arrivé à son apogée intellectuelle et morale, marquait son passage d'un souvenir éternel. Périclès rebâtissait Athènes et repoussait loin des palais et des temples la foule trop envahissante des habitations particulières, Auguste démolissait la hutte de terre de la vieille Rome et traçait de larges voies et des places immenses pour ses portiques et ses basiliques de marbre.

L'architecture respire dans les grands emplacements, c'est avec les vastes horizons qu'elle harmonise ses formes colossales. On donna à Gabriel l'espace et il y créa l'École militaire et la place de la Concorde.

Sa vive imagination, longtemps captive dans les plans de son illustre père, condamnée aux voussures des plafonds, aux lambris sculptés, aux cheminées, aux glaces, à la menuiserie des portes et des meubles, plane enfin, délivrée des chaînes où la retenaient les besoins de plaisirs d'une cour voluptueuse. Gabriel peut réaliser sa conception architecturale : Le Grand et l'Utile.

Il conserve les colonnes de Perrault dont il modifie heureusement l'ensemble et les détails ; mais il bâtit en s'inspirant des basiliques romaines ces portiques qui établissent à rez-de-chaussée une circulation facile et peuvent servir d'abri à proximité des promenades, il crée ces galeries ouvertes qui deviennent dans les fêtes de vastes tribunes. Il signe d'une colonnade presque toutes ses œuvres. C'est un souvenir de la Grèce et un hommage rendu à Perrault. Mais là, comme la plupart de nos architectes, il s'est trompé.

L'architecture doit être appropriée au climat. Sous le ciel resplendissant de la Grèce, les colonnes se détachent nettement ; elles se découpent et semblent grandir — fûts gigantesques aux lignes gracieuses et sévères. Les rayons du soleil jouent sur leurs cannelures et sur les acanthes de leurs chapiteaux; elles s'arrondissent, paraissent s'animer et s'enchaîner comme le groupe des Grâces, tandis que, sous notre ciel bas et brumeux, la colonne est encastrée dans un mur noir ; elle reste là, immobile, lourde, et comme se raidissant sous l'effort.

Gabriel n'a pas vu son œuvre dans le décor rêvé par son imagination. Chez nous, le classique est froid et semble manquer d'inspiration. C'est une affaire de milieu.

Le gothique s'harmonise mieux avec notre ciel. Tout ce monde de clochers, de clochetons, de tourelles, de monstres aux silhouettes grimaçantes se joue, se perd, se cache, réapparaît, s'envole dans les nuages qui se déchirent et flottent, écharpes légères, à tous les angles de la pierre.

Au siècle de Louis XV, l'intérieur exigeait davantage et les artistes cherchaient les contours agréables à la vue et même au toucher. L'art se rabaissait à mille détails pleins d'ingéniosité ; presque tous les artistes n'avaient d'autre préoccupation que de loger somptueusement le maître ; et c'est au moment où le goût devenait frivole, que, s'inspirant du passé et étudiant son époque, Gabriel donna aux âges futurs la profonde impression d'une œuvre à la fois antique et moderne.

Quand Louis XV défiant la postérité appela auprès de lui son architecte et le chargea de consacrer sa mémoire sur une place qui témoignât de sa puissance, Gabriel se mit à l'œuvre, songeant peut-être que la vaine image du roi, *statua-statuæ*, disparaîtrait quelque jour et alors il travailla pour la gloire de son pays et de son nom. La France architecturale eut en lui sa dernière grande expression et Jacques IV Gabriel est le grand homme de sa généalogie.

.·.

Tant de noms illustres, tant de célèbres monuments disparaîtront-ils un jour?

Alors le génie de la patrie française, venant visiter ces lieux où, sous les débris du temps, dort pour toujours la vieille cité parisienne, s'appuiera, pensif et attristé, sur quelque colonne à demi ruinée de Gabriel...

Chatou, 31 *décembre* 1892.

ERNEST BOUSSON.

SOURCES

ARCHIVES NATIONALES

O ^{1} * 1099 — 1121
O ^{1} 1246 — 1250
O ^{1} * 1928 — 1929
P .   2430 et 2487
　　 * 1103 — 1104 — 1105 etc.

ANGERS, IMP. BURDIN ET Cie, 4, RUE GARNIER.

(9)

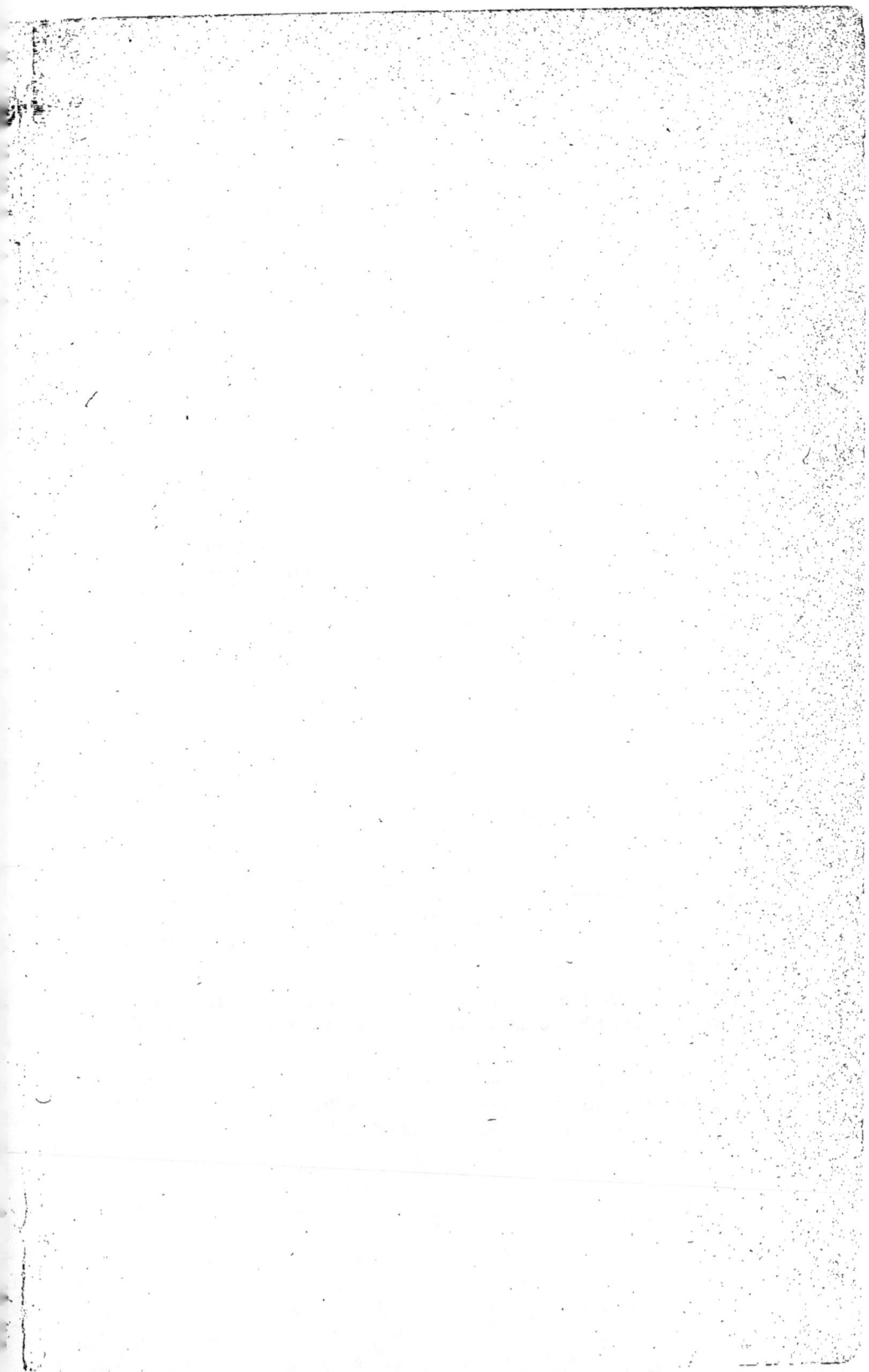

A LA MÊME SOCIÉTÉ

HARMAND (Jules). — **L'Inde** de John Strachey, préface et traduction de Jules Harmand, ministre plénipotentiaire. Un gros vol. in-8° avec carte en couleurs . . . . 10 fr.

LEYMARIE (De). — **Délais judiciaires usuels**. Aide mémoire alphabétique. Un vol. in-8° jésus, broché 2 fr., cartonné. . . 2 fr. 50

— **Nos avocats d'aujourd'hui**. Notice biographique sur les principaux membres du barreau, par de Leymarie, ancien magistrat, avocat à la Cour d'Appel.

DUBOIS (Auguste), licencié ès-lettres, docteur en droit. — **De l'occupation et de la concession par l'État ou par la « Gens », leur rôle dans l'histoire de la Propriété à Rome**. Étude sur l'hérédité des offices dans l'ancien droit français. Un vol. grand in-8° de 336 pages . . . . 7 fr. 50

BOULANGIER (Edgar). — **Voyage en Sibérie**. Le chemin de fer Transsibérien. Un gros vol. in-8° jésus de 400 pages, avec 100 gravures sur bois, cartes et plans. . . . . 7 fr. 50
Dix exemplaires ont été tirés sur papier des manufactures impériales du Japon et mis en vente au prix de . . . . 20 fr.

DESCHAMPS (Émile), chargé de mission scientifique par le Ministre de l'Instruction publique. — **Au Pays des Veddas**, Ceylan (carnet d'un voyageur)

MEYNIARD (Charles). — **Le second empire en Indo-Chine** (Siam, Cambodge, Annam), précédé d'une préface par M. Flourens, ancien Ministre des affaires étrangères. Un gros vol. in-8° jésus, illustré de 22 gravures hors texte . . . . 7 fr. 50

THOULET, professeur à la Faculté des sciences de Nancy. — **Introduction à l'étude de la Géographie Physique**. In-8° raisin de 350 pages . . . . 7 fr. 50

SABATIER (Camille). — Ancien député de l'Algérie. — **Touat. Sahara et Soudan**. Étude géographique, politique, économique et militaire, avec une carte en 5 couleurs, un vol. in-8°, raisin . . . 6 fr.

ANGERS, IMP. BURDIN ET Cⁱᵉ, 4, RUE GARNIER.

www.ingramcontent.com/pod-product-compliance
Lightning Source LLC
LaVergne TN
LVHW021659080426
835510LV00011B/1487